Originalausgabe

Dharmagedichte

Diese Gedichte sind deine Brücke zum Erwachen. Meditiere über die Gedichte und lerne dich besser zu entspannen. Lies die Gedichte, um die buddhistische Weisheit zu verstehen, die dir hilft dein Leben heilsamer zu gestalten und dich vom Leiden zu befreien. Der Geschmack des Dharma ist der Geschmack der Befreiung. Das hat Buddha gesagt! Befreie dich mit den Dharmagedichten von deinem Leid und deinen Sorgen, indem du den Weisheitsblick entwickelst. Werde glücklich durch das Lesen der Gedichte, denn die Weisheit des Dharma offenbart dir die Geheimnisse des Glücklichseins!

Glaubt mir!

Ich glaube an den Tag,
An dem jeder Mensch erwacht!
Ich glaube an eine Welt
als Buddhafeld!

Die absolute Wahrheit!

Buddhas Lehre heilt
All dein Leid!
Ich garantiere dir,
du wirst dich gut fühlen,
wenn du erwachst
auf dem Dharmapfad!

Zenaugen

Der Zenmeister findet in jedem Augenblick des Alltags ein Stück von Buddhas Weisheit. Willst du blind durch die Welt wandeln oder hältst du Ausschau nach den Zeichen des Erwachens?

Alter, Krankheit und Tod

Unausweichlich ist das Leiden. Sieh an deinem Körper hinab. Er schlittert unaufhörlich in sein Grab. Spüre in dich rein. Bald wird dort Krankheit sein. Deine Haut wird altern und du wirst sein voll Falten. Erkenne der Zeiten Lauf und baue deine Rüstung mit Dharma auf. Weisheit kann dich retten und Nirwana dich heilsam betten.

Buddhastatue

Nur ein Bildnis gemacht aus Stein. Doch es ist, als ob es über die Welt hinausschauen kann. Ruhe und Frieden strahlt aus seinen gesenkten Lidern. Es ist ein Frieden, der über die Welt und jenseits der Zeit geht. Doch er ist genau hier und jetzt. Der sanfte Goldschimmer kitzelt meine Augen. Kann ich ihm trauen? Sein Lotussitz erhebt sich über den Schlamm aus Gier und Hass. Ach, könnt er mich befreien!?

Junge Bodhiherzen

Heile Träume von einer besseren Welt sind die ersten Früchte Bodhichittas. Der Bodhisattva erste Taten gelten den Schwachen und Verlassenen. Sie wollen sie erretten und erwachen.

Wort, Tat und Gedanken

Handle, als ob all deine Taten zählen. Denn sie zählen für die Wesen. Handle, als ob jeder Gedanke auf der Goldwaage liegt, denn dein Karmakonto wiegt. Sprich mit erleuchteter Zunge, als ob du Samsara schon durchdrungen und das Licht Nirwanas sehen kannst.

Alltagsweisheit

In allem steckt Weisheit und Verstehen. Erkenntnis liegt in jedem Augenblick. Sieh die Sonnenblume senkt ihr Haupt und verwelkt. Erkenne den Aspekt der Vergänglichkeit. Sieh, die Biene fliegt mit Blütenstaub. Versteh die Interdependenz. Der Baum, der riesengroß wächst, ward aus einem kleinen Samen geboren. Wie könnte je ein unveränderliches Wesen existieren. Erkenne und verstehe und lass dein Bewusstsein steigen in ungeahnte Höhen.

Licht

Das Leid quillt. Das Leid wächst. Das Leid kommt unerwartet und geht nicht mehr weg. Dann hören sie die Kunde, aber sie zögern Stunde um Stunde, dem Dharma zu folgen. Doch so werden sie sterben, ohne auf Erden den Pfad der Erlösung zu vollenden.

Du

Der Weg besteht aus acht Schritten zum Glück. Auf dem Pfad siehst du deinem wahren Selbst ins Gesicht. Die Bodhisattvas weichen keinen Schritt zurück, aber sie sehen und heilen dich. Den Pfad zum Glück und dein wahres Gesicht findest du auf dem Dharma Pfad. Dort findest du auch die Wahrheit, die das Leid auflöst.

Vier Wahrheiten

Sieh der Wahrheit ins Gesicht, deren Name Leiden ist. Erkenne ihren tiefsten Grund, denn das ist gesund. Verstehe, das du heilen kannst und dann tanz acht Glieder lang.

Leben oder studieren

Ich traf diese tolle Lehrerin und sie studierte die Religion wirklich hart, was vor allem hieß, sie studierte religiöse Texte. Dann sagte sie, sie hätte schon fast einmal eine mystische Erfahrung gehabt. Es platzte aus mir heraus: "Ich hatte schon mehr als zehntausend ... "

Lebenszweck

Nach Erleuchtung streben in jedem Leben bis zum
endgültigen Verwehen

Weise

Vorm Buddha verneigen sich die Gläubigen. Die
Weisen folgen dem Buddha. Vom Dharma reden die
Schriftgelehrten. Die Weisen leben den Dharma. Zur
Sangha nehmen die Menschen Zuflucht. Die Weisen
gehen in die Sangha.

Es werde wahr!

Mit jedem Schritt.
In jedem Augenblick.
Bei Geburt und Tod.
Bei Lohn und Not.
Selbst in der trübsten Langeweile.
Dein Erwachen ist immer möglich.

Upasikas

Der Buddha-Augen schauen mit Erstaunen auf die
edle Tochter.

Der Buddha-Lächeln entsteht beim Gebrechen der
alten Weiber Knochen, wenn sie sich endlos vor den
Buddhastatuen niederwerfen.

Der Buddha-Ohren hören, wie die tugendhaften
Damen ohne Pause Mantras aufsagen.

Wahrheit

Buddhas Augen schauen über die Welt. Nicht Geld wird dich befreien oder dich heilen. Buddhas Lehre heilt dein Sein. Lass dich darauf ein!

Brahmaviharas

Lebe mit der vierfachen Buddhaliebe und verwandele deine emotionalen Triebe.

Lehrer*innen

Jene die lehren, sollen mit gutem Herzen geben!

Eine Kerze

Die Buddha-Natur war, ist und wird sein, solange dein Lebenslicht brennt. Doch ihr Licht scheint dunkel, solange du nicht nach dem Dharma lebst.

Lehre

Hängen am Materiellen, wird dir kein Glück bringen.
Leben mit Gier reißt dich in die Tiefe.
Handeln aus Hass, macht dich schwach.

Karma

Schreiende Kinderaugen in den Slums träumen von
einem goldenen Morgen.

War es Karma?

Der Wahrheit Karma erkennen nur die Buddhas.
Erdreistet euch nicht länger, Karma als Ursache für
Glück und Leid heranzuziehen. Es ist ein großes
karmisches Glück als Mensch geboren zu werden.
Erinnert euch an dieses Buddhawort. Denn darin
liegt Glück und Weisheit.

China

An eine stumme Wand gestarrt
Und das Ego wartet gebannt.
Die Ungeduld brennt,
Denn Anhaftung drängt.

Einer schnitt sich die Augenbrauen ab
Und erwachte in einem steinernen Grab.
Warum er nach Westen kam,
Fragen jene, die das torlose Tor
Nicht durchschritten haben.

Dualität?

Schlüssel schließen Tore auf.
Welcher Schlüssel öffnet das torlose Tor?

Er ging nach Westen,
aber für die aus dem Westen
ging er im Osten.

Sieh zum Himmel hoch; aber begreife:
Auf der anderen Seite
der Erde schauen sie
In die andere Richtung.

Enden wenden

Sieh der Wahrheit ins Gesicht:
Du bist sterblich!
Sieh tiefer und begreife:
Der Same der Wiedergeburt reift.
Lerne die Weisheit zu schauen
Und dein Vertrauen
Auf Buddha zu bauen!

Handle!

Der Dharma ist wahr.
Die Sangha ist nah.
Der Buddha war klar.
Worauf wartest du?

Wahre Werte wählen

Tausendfaches Lieben ist tausendfaches Leiden,
denn von allem musst du scheiden.

Tausendfach zu hassen, schmerzt wie der Fall in
tausend Stacheln.

Tausendfache Gier bringt nicht viel, denn alles hat
seinen Preis.

Altern

Sieh ihren schönen Leib und paare dich, aber
erwarte nicht, dass dieses Glück ewig währt, denn
das Alter färbt den Leib.

Metta

Finde in dir drin den Frieden.
Lerne mit Gefühl zu leben.
Das will dich das Metta Sutta lehren.
Kannst du das verstehen?

Die alten Texte sprechen
Von den Wiedergeburtsketten.
Sieh im hier und jetzt,
Was du bist und erkenne,
wer du werden wirst.

Geistesgifte

Tausend Krieger ist es leichter zu besiegen,
Als den Hass, der in dir sät den Unfrieden.
Kein Schatz füllt den Platz,
Den die Gier gemacht.
Nur der Buddha Weisheit,
Kann die Nebel
Der Unwissenheit vertreiben.

Die Geistesgifte treiben
Furchtbare Spalten
In dein wahres Selbst.
Werde zum Held
Und befreie dich selbst!

Abschiede

Alles vergeht, also lebe mit Frieden im Herzen.

Wen du auch liebst, der Tag des Abschieds wird
kommen, also vergib und umarme.

Am letzten Tag wirst du zurückschauen,
Lebe moralisch, um nicht zu bereuen.

Zeit

Auf Wegen des Dharma wandelnd trotzte er dem
Strom der Zeit, denn Buddha hatte gesagt: Nirwana
ist das Ungewordene und Ungeborene.

Mit Vergänglichkeit greift die Zeit nach deinen
Knochen und Sehnen. Sie gräbt alte Falten in dein
Gewand und löchert dein Gedächtnis wie ein Sieb.

Sieh der Zeit ins Gesicht. Sie vertilgt dein Ich, egal
wie reich oder mächtig du bist!

Karma

Sieh dem Lauf der Zeit ins Gesicht. All dein Wirken ist und wurde aus dem Wirken anderer.

Es wird weiter wirken und zu dem Wirken anderer werden.

Ist dein Wirken so, dass am Ende Frieden von dieser blauen Kugel ausgeht ?

Du!

All dein tun
wird dein Spiegel sein.
Deine Taten
werden dich einholen!

Licht

Heilige Männer schweigen,
Denn sie lernen von den Weisen.

Narren schwatzen immerzu
Und tun sich selten gut.

Der normale Mensch denkt,
Statt mit dem Herz zu lenken.

Wachse über deine Norm hinaus
Und zerstöre das samsarische Haus.

Schritte im Sand

Träume
und ergreife deine Träume im Nicht-Schlaf.

Lebe, aber vergiss deinen Tod nicht.

Atme und ergreife achtsam die Wahrheit der Leere.

Weltlinge

Sie wollen in Reichtum leben,
Aber wie wollen sie das,
Ohne das richtige Karma zu erwerben?

Sie wollen ewig glücklich sein
Und niemals leiden,
Aber wie wollen sie,
den steten Wandel aufhalten?

Sie wollen alles verstehen,
Aber sind nicht bereit
Für die Buddha-Lehren.

Hütet eure Zungen!

Urteile nicht,
Denn du weißt nicht,
Was sich unter der Oberfläche befindet.

Verurteile nicht,
Denn du weißt nicht,
Wie hart das Leben eines anderen ist.

Ein schützendes Dach

Schutz im Buddha. Leben im Dharma. Lachen in der Sangha. Hab Vertrauen und lass den Zweifel keine Gräben bauen. Buddha kann dich schützen. Der Dharma wird dir nützen und die Sangha deine Heimat sein.

Eine Blume

Buddha lachte
Und Kassapa erwachte.

Eine Blume in der Hand
Hat das Leiden verbannt.

Der Nachfolger Namen
Sind unsere Dharma-Ahnen.

Samsara

Schau über die Welt mit wachen Augen.
Sieh dir das Elend an!
Kannst du wirklich noch glauben,
Dass du in Samsara wahres Glück
Finden kannst?

Brahma

Er sollte lehren
Und auf Erden verweilen,
Denn er wollte dich begleiten
Und deine Befreiung erleben.

Brahma kam
zum frisch gebackenen Buddha
und bat ihn zu lehren
zum Wohle für die Wesen.

108

Einhundert und Acht Perlen.
Stupas kreisen.
Karma heilt.

Einhundert und Acht Perlen.
Das Mantra rattert.
Inventur im Geist.

Einhundert und Acht Perlen.
Gurus Worte.
Samen treiben Sprossen.

Einhundert und Acht Perlen.
Zeitsand rinnt.
Im Spiegel das Skelett.

Einhundert und Acht Perlen.
Zwischenweltenritt.
Ergreifen!

Wurzellehrer

Die karmischen Ketten fesseln
Und betten eure Leben ein.
Die Macht der Befreiung reift,
Wenn ihr fleißig auf dem Kissen bleibt.
Die Lehre des Buddha gebe euch
Die Wege zum Ende des Leidens.

Sitzkissen

Reift der Samen
In der Menschenwelt,
Wählt den Dharmaweg.

Fällt der Tod
In meditativer Sammlung,
Quellt Heil selbst
In den letzten Momenten.

Erinnert der Weisen Sagen
Und trennt die karmischen Samen
In Wonne und Dramen.

Strom des Leidens

Blutige Tränen füllen den Ozean Samsaras.

Jahrhundertelanges Wehen der Sorgen trägt die
Hoffnung davon.

Alles war verloren und wird es bleiben, solange die
Buddhas nicht erscheinen.

Allzeit bereit

Am Abend schlafen gehen und morgens erleuchtet
aufstehen!

Wann wenn nicht hier und jetzt soll das höchste
Erwachen geschehen?

Gleichmut

Es ist leicht an den schönen Tagen zu lachen und es ist weise an den harten Tagen, die Hoffnung zu bewahren.

Wähle!

Der Lebenssinn des Dharma führt in die Freiheit.
Der Lebenssinn der Welt führt in die Fesseln Samsaras.

Sila

Fünf Silas nimm
Und werde ein Dharmakind.
Den Tugendpfad wähle
Für die höheren Wege.

Das gute Herz nähre,
Damit es Liebe säe.
Die Buddhas lehrten, die Tugend zu ehren,
Denn sie fühlten mit den Wesen.

Kshanti

Geduld ist die große Lehrmeisterin.
Geduld ist die große Prüfung.
Ob in diesem oder dem nächsten Leben:
Alle deine Taten werden Früchte tragen.
Sei geduldig und übe fleißig
Und du wirst die Weisheitsfrüchte kosten.

Absichten

Materielle Dinge werden euch nicht zur Wahrheit eures Herzens führen. Jedes Dharmakind kennt diesen Spruch, aber zu wenige leben ihn.

Ihr hört die Lehre. Ihr lauscht den Lamas und Gurus, aber ihr verändert euch nicht. Dann wundert ihr euch, wenn euer Leid dasselbe ist.

Heikü

Tue leben
Mit Buddhas Lehren
Zum Wohle für die Wesen!

Ging

Tränen wehen in den Winden.

Traurige Augen schauen der Toten leeren Blick.

Die Erkenntnis der Vergänglichkeit befreit nicht vom
Leid.

Silber Silben

Leere Taten gaben
Den Sinnsuchern Antworten
Auf alle Fragen.

Tut es!

Träumt von eurem Leben,
Statt es zu leben
Und ihr werdet aus dem Leben
Bereuend gehen.

Zählt Karma

Lebt mit Mitgefühl.
Strebt mit Liebe.
Gebt aus vollem Herzen.
Wählt den Dharmaweg.

Karmas Fall

Qual und Not
Und überall wartet der Tod;
Das ist das Leben
Für die Höllenwesen.

Gejagt und gefressen
Und niemals etwas besessen.
Das ist das Gesetz
In der Tierwelt.

Hunger ohne Ende
Und viel zu kleine Hände,
Um Nahrung zu packen
In den stacheligen Rachen.
So vegetieren die hungrigen Geister.

In den niederen Daseinsbereichen
Wirst du ohne Ende leiden.
Willst du dieses Schicksal wählen
Oder dich durch Dharma erheben?

Der verehrte Sieger

Schaue dem Buddha
Ins Auge.

Wende dich an Buddhas
Hände!

Auserkoren tragen die Buddhas
Ohren.

Die Jungen sehnen sich nach Buddhas
Zunge.

Wie eine Oase ist Buddhas
Nase.

Er siegte gegen Mara.
Er verließ Samsara.
Aber sein größter Sieg
war der Sieg über sich selbst.

Dharma

Gutes tun
Zum Wohl für die Wesen,
Das heißt, den Dharma leben.

Weise entscheiden
Zum Auflösen des Leidens,
Darin will dich der Dharma kleiden.

Ehrlich sein
Und sich über die fünf Silas freuen,
Dann wirst du nichts bereuen.

Mit Dharma leben
Meint, allen gütig zu geben,
Damit sie glücklich leben.

Buddha, Dharma und Sangha
Sind für uns alle da.
Mit den drei Juwelen wird
Die ganze Welt wunderbar.

Der Preis

Trüb ist das Leben, wenn du deine innere Stimme mit den Gütern der Welt betäubst. Stumpfer Rausch wird dich niemals ganz befriedigen. Denn dein wahres Wesen geht tiefer als die Produkte aus den Werbeanzeigen.

Du betrügst dich selbst. Karma wird seinen Preis verlangen. Dann wirst du leiden und bereuen.

Mit Tiefe leben und der Weisheit Wege wählen, werden dein Leben transformieren. Glaube es oder nicht, es gibt einen Pfad, es gibt vier Wahrheiten und es gibt die Buddhas, die sich vom Leid befreiten.

Lehrt!

Die Lehre leben,
Heißt, die Lehre weitergeben!

Shoppen

Kaufrausch.
Schöne Dinge glitzern.
Sonderangebote reizen.
Der Sinn des Lebens wird vergessen.

All you can eat.
Deliziöses Buffet.
Voller Magen. Fett antragen.
Das Geben nehmen und
Nur an sich denken.

Geisteswäsche

Geben statt nehmen.
Umarmen statt Böses hinterhertragen.
Lieben statt gieren.
Meditieren statt diskreditieren.
Gefühlvoll reden statt kalt regieren.

Im Wald

Er saß im Wald. Viele Tage war er marschiert, um diesen Ort zu finden. Er wollte raus. Raus aus der Hektik. Raus aus dem Stress. Raus aus den verlogenen Sozialkontakten. Raus aus der kalten Herzlosigkeit.

Er saß im Wald. Um sich hatte er den Regenschutz gespannt. Ein Kissen hatte er aus Naturmaterialien selbst gemacht. Sein Haar war rasiert, um nicht zu stören.

Er saß im Wald. Der Atem ging rein. Der Atem ging raus. Er beobachtete das Gefühl, wie der Atem an seiner Nase hin und her zog.

Er saß im Wald. Die Stunden vergingen. Er wollte nur sitzen und erkennen. Er wollte sitzen und sich wieder fühlen. Er wollte sitzen, um sich selbst zu finden.

Er saß im Wald. Der Tag war vergangen, aber er saß. Die Nacht kam und schlimme Geräusche entstanden, aber er saß. Tage vergingen und Nächte flogen dahin, aber er saß.

Er saß im Wald und verstand, was sein wahres Wesen war.

Ein befreiendes Geschenk

Der Dharma ist ein Geschenk,
Denn bedenk,
Du bist gefangen
Und musst bangen
Wegen deiner nächsten Geburt.

Guru Buddha

Lausche dem Guru
Und lerne von ihm.
Du selbst hast es
Bisher nicht geschafft,
Dich vom Leiden zu befreien.
Sei weise und lerne
Von einem, der es geschafft.

Abgrund

Ich habe Angst vorm Klimawandel.
Ich habe Angst vorm Krieg.
Beides wurde aus Habgier und Hass geboren.
Von beidem lehrte der Buddha schon vor tausenden
Jahren, dass sie Leid schaffen. Wann wird die
Menschheit aufwachen?

Spiegelbilder

Schau in deine Augen,
Wie sie im Spiegel glänzen.
Spüre das Ergreifen
Deines gebauten Selbst.

Solange das Haus gebaut,
Solange wird es brennen
An all seinen Toren.
Erkenne das Nicht-Selbst
Oder lebe wie die Toren.

Wahres übers Wasser gehen

Heilsam gehen auf Erden.
Ohne Zorn im Herzen.
Ohne Gier im Geist.
Heilsam gehen auf Erden
Ist das wahre Wunder!

Loslassen

Beruhige dein wütendes Herz,
Denn es bringt dir nur Schmerz.
Besänftige deinen zornigen Geist,
Denn er beißt
Dich selbst. Löse dich vom Hass
Und entspann dein Herz!

Fehler

Wir Menschen kämpfen
Gegen die Schatten in unseren Träumen.
Wir Menschen denken,
All unsere Illusionen sind wahr.
Wir Menschen vergessen,
Dass es ein Geschenk war,
Als Mensch geboren zu werden.
Wir Menschen senken
Sinnlos unser Selbstwertgefühl.

Selbstlos

Lebe und strebe
Nach dem Sinn im Leben.

Gebe und nähre
Die Güte in deinem Herzen.

Wähle und zähle
Heilsame Karmawege.

Richtig entscheiden!

Träumt, statt zu erwachen und ihr werdet nicht lachen, sondern darben und siechen und zurück in die niederen Daseinsbereiche kriechen.

Lügt, statt Wahrheit zu sprechen und falsche Freunde werden euch begrüßen und in den Abgrund reißen.

Mordet, statt das Leben zu schützen und ihr werdet die Gewalt am eigenen Leib spüren.

Seht weg, wenn Leid geschieht und helft nicht und ihr werdet einsam leiden und keine wird kommen, um euch zu helfen.

Zweifelt an den Heilen und ihr werdet leiden, statt euch mithilfe des Dharma vom Leid zu befreien.

Die Welt

Dunkle Schwingen kreisen.

Seuchen ziehen übers Land
Und der Hunger kehrt zurück.

In der Ferne donnern die Raketen
Und zerfetzen Menschen tausendfach.
Die Welt darbt. Die Inflation wächst. Die Kriege
beben. Die Dummheit lechzt.

So ist es heute.
So war es vor hundert Jahren.
Selbst vor tausend Jahren war es schon so.

Warum wählst du das weltliche Leben und damit die
ständige Wiedergeburt?

Dharma kann dich lösen von der Fessel.
Dharma kann dich retten vor der Not.
Dharma kann dich befreien von ständiger
Wiedergeburt!

Hier und Jetzt!

Träume einer neuen Zeit
Halten dich fern
Von diesem Augenblick.

Träume von einer besseren Zeit
Verschließen dich
Für das Hier und Jetzt.

Träume von der alten Zeit
Versperren den Weg
Zu deinem fühlenden Herzen.

Träume von morgen.
Träume von heute.
Träume und das Leben
Wird an dir vorüber gehen!

Hier und jetzt!

Hier und jetzt!

Krankheit

Sie ist krank.
Der Tod nagt an ihren Lungen.
Ihr alle seid
Zu diesem Los verdammt.

Vergänglich

Er starb.
Er starb einsam und allein.

Er war krank.
Die Krankheit fraß ihn auf.

Er wird begraben.
Sein Leib ist längst verbrannt
Und die Karma-Wächter zeigen
Ihm die Tore für's nächste Leben.

Stahlbeton

Im Hauch der Stadt
Werd ich wach.
Ich seh die stolzen Menschen,
Wie sie mit ihren Ängsten kämpfen.
Ich seh die soziale Isolation
Und Karmas Lohn.

Menschen

Die alte Frau
Trägt ihre Bürde.
Sie hatte geglaubt
Und verlor ihre Würde.

Der alte Mann
Muss hart arbeiten.
Sein Tag ist lang.
Bald wird er scheiden.

Das Baby schreit
Nach seiner Mutter.
Es weint vor Unwissenheit
Und wegen Mutters Futter.

Die Nonne strebt
Nach Weisheit.
Sie entwebt
Das bedingte Leid.

Der Preis

Träume platzen.
Freunde sterben.
Des Leidens Erben
Darben hassend.

Am Morgen graut
Des Stahles blitzen.
Mit falschem Wissen.
Der Mörder baut.

Tränen rennen.
Die Lüge verschlingt.
Falsches Bekennen
Führt zum Misslingen.

Buddhas Zucker

Buddha heißt
Der heilsame Geist.
Buddha lebt
Vom Karma entwebt.
Buddha lehrt
Den wahren Wert.

Glücklich sein

Wenn der unbekümmerte Moment
Dir Glück schenkt,
Dann nimm es an,
Beurteile nicht.
Gib dich dem Glück hin.

Familie

Sie sind dir gegeben
Von Karmas Wegen.
Erfülle deine Pflicht
Und kümmer dich!

Goldenes Herz

Strebe nach einem goldenen Herzen. Es heißt nicht, dass du perfekt sein sollst. Aber das goldene Herz ist der Wunsch danach, vollkommen heilsam zu leben. Es wird die Wächter der Weisheit überzeugen, damit sie dich in die hohen, magischen Sphären heilenden Wissens begleiten.

Übernimm Verantwortung!

Erst ein Buddha kann volle Verantwortung
übernehmen.
Aber dennoch sollten wir danach streben.

Selbst wenn ein Buddha eine Pflanze isst,
Dann sieht er ihren karmischen Fortgang
Und als Dank für seine körperliche Kraft,
Lenkt er sie den Wiedergeburtspfad hinauf.

Meru

Er hat den Berg der Weisheit erklommen
und ist dann noch höher gesprungen.
Sein Licht strahlt so klar,
Dass jedes Kind am Weltenberg
Ihn sah.

Lernt lehren!

Sieh und lerne!
Wenn du gelernt hast,
Dann lehre und
Lass die andern sehen!

Handelt!

Wir reden und nehmen uns die Zeit.
Wann seid ihr zum Handeln bereit?

Frieden

Menschen kämpfen mit Worten.
Menschen kämpfen mit Gedanken.
Atme ein. Atme aus.
Nimm achtsam wahr
Und lege deine Gedanken-Waffen ab!

Dein früheres Leben?

Fragst du dich auch manchmal, wer du warst als
Buddha Shakyamuni lebte. Ich wäre gern Asita
gewesen, der Prophet der Siddharthas Zukunft
prophezeite und weinte, weil er zu alt war, um bei
seinem Erwachen dabei zu sein!

Der Anfang...

Güte geben.
Mitgefühl leben.
Das sind die erste Schritte
Auf dem Dharmaweg!

Liebende Dunkle

Zwei Hände berühren sich.
Vertrauen entsteht,
Welches nicht mehr vergeht.
Das Band der Nähe wird gewebt
Durch ein ehrliches Herz.

Dreifache Retter

Wolken ziehen hoch am Horizont.
Krieg und Hunger beherrschen das Land.
Am Himmel steht der blutrote Mond.
Die Hoffnung ist verbannt.
Aus Gier, Dummheit und Hass
Wurde das Leid geboren.
Es wird verblassen,
Sobald ihr Zuflucht geschworen.

Faltiges Gesicht

Dein letztes Sandkorn.

Dein letzter Atemzug.

Dein letztes Bit.

Du bist endlich.

Weltschmerz

Lass dein gütiges Herz
Nicht vom Schmerz
der Welt verdunkeln.
Bewahre dir dein Licht
Und lebe mit Rücksicht
Auf die fühlenden Wesen.

Sterben

Tausend kleine Tode wirst du sterben,
Bevor der letzte Tod trägt dich von Erden.

Tausende kleine Herzen sterben,
Bevor sie erleuchtet werden.

Tausend kleine Ängste sterben,
Bevor wir uns mutig gebärden.

Im Herzen

Mit Buddha im Herzen sehe ich hinauf zu den
Sternen.

Mit Buddha im Herzen will ich Frieden lernen.

Mit Buddha im Herzen strebe ich nach heilsamen
Werten.

Weilt zum Heilen

Wir leiden wegen des Wetters, unserer Vettern und
wegen Gevatter Tod.

Wir heilen wegen des Dharmas und der Weisheit, die
in ihm verborgen liegt.

Das heilige Ziel

Träumt endlich, dass es möglich ist und dann macht
es wahr: Nirwana!

Verlöschen

Der Buddha lehrte
Und deshalb ihn das Volk verehrte.

Der Buddha verlosch
Und deshalb bleibt er losgelöst.

Zwei Seiten

Die Macht des Karma
Führt in Drama
Oder glücklichen
Sonnenschein.

Karma

Geld zerfällt.
Dharma bleibt
Viele Leben lang.

Materielles strahlt hell,
Aber ist ohne inneren Wert.

Geld zerfällt,
So wie dein Körper
In Milliarden Stücke.

Karma bleibt,
Nachdem all dein Besitz
Aus diesem Leben
Für dich für immer verloren ist.

Zwischenmensch

Ein Moment des Glücklichseins
Im Ozean des Leidens.
"Ach, könnten wir so
Für immer verweilen",
Hauchte er in ihr Ohr.

Bodhi-Ebenen

Steige die Stufen rauf,
Von denen die Sutras berichten.
Heilige deinen Lebenslauf.
Erlöse deine Geschichte.

Oben auf der Dharmawolke
Wirst du schweben.
Diene dem Volke,
Statt ihm zu befehlen.

Erklimme die Bodhisattva Pfade
Mit Leidenschaft.
Denke außerhalb der Schublade
Mit Dharmas Kraft.

Lebenserfahrung

Gefangene sind wir in diesem Strudel, den der Erwachte Samsara nannte. Wir wollen alles richtig machen und strengen uns an. Wir sind nett zu den Menschen und vorsichtig draußen auf der Straße. Aber dann kommt der Donner und alles fällt wie ein Kartenhaus zusammen. Wir stehen vor den Trümmern unserer Existenz. Alle unsere Träume sind geplatzt. Wir fragen uns warum? Wir waren doch immer zu allen nett? Wir finden keinen Grund, aber es ändert nichts: Wir stehen vor den Trümmern unseres Lebens.

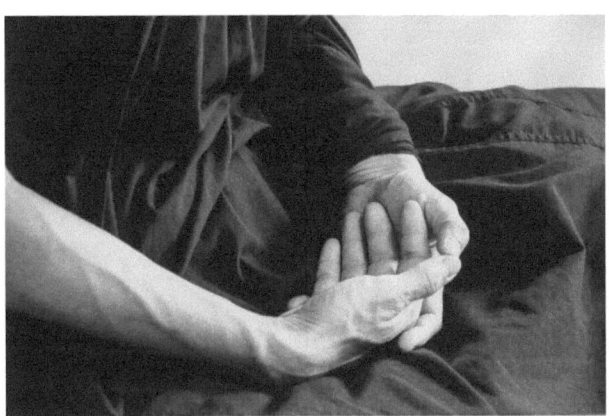

Wahres Kranksein

Der Husten reißt den Glauben auf,
Dass irgendetwas unvergänglich ist.
Der Schmerz in Lunge und Herz zerstört
Den Traum vom ewigen Leben.

Du kannst das!

Lass den Moment nicht ungenutzt vergehen,
Wenn du in der Lage bist zu geben.

Lass dein Herz nicht unerhört verstummen,
Wenn du willig bist, anderen mitfühlend zu
zustimmen.

Lass deine Weisheit nicht versiegen,
Wenn die Welt droht zu ersticken in neuen
Kriegen.

Krankheitsfluch

Es schmerzt.
Was ist Samsaras Gesetz wert,
Wenn Leiden sein Preis ist?

Der Fluss

Die Erben leiden
Bitterliche Schmerzen.
Sie weinen
Aus vollem Herzen.
Es fließt in feinen
Bächen greinend.

Brahmaviharas

Lieben ohne Grenzen
Kann die Welt retten!

Der große Arzt

Der Buddha lehrte
Die Wahrheit.
Die Sangha ehrte
Seine Weisheit.

Wir praktizieren,
Um uns zu befreien.
Wir implizieren
Buddhas Arzneien.

Gähnen

Müdigkeit kriecht an meinen Knochen hoch.
Trägheit versperrt mir den Dharmapfad.

Drei Zehn

Die Buddhas aller drei Zeiten
Wollen dich begleiten.
Sie reichen dir die Hand
Und führen dich ins Dharmaland.

Die Buddhas aller zehn Richtungen
Zeigen dir das Wichtige.
Sie lehren dich zu meditieren
Und das tiefgründige Sinnieren.

Göttliche Ermahnungen

Sein Körper zittert.
Seine Frau braucht Krücken auf Rädern.

Vergiss nicht,
Kind der Sangha,
Die Götter senden Zeichen,
Damit du dein Mitgefühl
Beweisen kannst.

Der Hahn

Die Sonne scheint und blendet mich.
                Die Gier glänzt und verbrennt mich.

Silberfisch

Gestorben.
War es morden
Oder nur ein Unfall?
Es ist tot.
Ungewollt.
Unabänderlich.
!

Vipaka

Das Karma der Saat
Und das Karma der Tat,
Die sät.

Das Karma der Handlung
Und das Karma der Wandlung,
Dass zum Dharma strebt.

Geben

In vielen Leben
Liebend und mitfühlend geben
Und eine bessere Welt weben.

Im Wir

Reichen wir uns die Hände.
Leben wir Sangha.
Schenken wir uns unser Ohr
Und hören wir zu.
Öffnen wir unsere Herzen
Für eine mitfühlende Sangha.

Sinnspruch

Den Sinn des Lebens wirst du im Dharma erleben.
Den Sinn der Welt findest du, sobald du die Leerheit
erkennst.

Die Welle

Wie die Wellen im Ozean erscheinen unsere Ichs.
Wie unser wahres Selbst versteht den Ozean. Die
Wellen vergessen, dass sie der Ozean sind. Die
Menschen vergessen, dass sie mit allem verbunden
sind. Eins wird die Welle mit dem Ozean. Eins wird
unser Ich mit dem ganzen Dasein.

Geständnis

Sie hat mich verletzt!
Mit ihren Worten
Hat sie mir einen
Tiefen Stich versetzt.

Ich werde wütend.
Sie war gemein und fies
Und ich spüre,
Wie ich zu hassen
Beginne.

Wie verträgt sich das
Mit meiner Dharma Praxis?

Zwischentöne

Zwischen den Worten ist die Stille und schreit lauter
als alle Worte, die seit Jahrtausenden gesprochen
wurden.

Momente

Zukunft ist,
Doch wenn dein Denken
Von der Zukunft gefangen ist,
Dann lebst du nicht
Im Hier und Jetzt.

Gefangene

Vergangenheit war,
Doch wenn die Schatten
Des Gestern dich quälen
Und dir die Ruhe nehmen,
Dann bist du eine Geißel
Des Gesternlandes.

Befreie dich! Befreie dich!

Kotzend

Krankheit beschwert ihre Lider.
Der Atem geht schwer
Und sie liegt nieder.
Dieses kleine Kind ist so zart
Und die Wahrheit ist hart,
Dass Krankheit sie uns
Jederzeit entreißen kann.

Götterboten

Alter, Krankheit und Tod sind schwere Not. Doch
wir Buddhisten müssen von ihren schmerzlichen
Küssen, die tiefe Wahrheit lernen.

Rettungsinseln

Die zarten Familienbande in dieser hartherzigen Welt. Das sanfte Streicheln in dieser rauen Gesellschaft. Das heilende Meditieren in dieser kaputten Welt.

Der Finger zeigt zum Mond

Des Buddha Liebe gilt allen leidenden Wesen.

Des Buddha Wort hat heilenden Wert.

Des Buddha Gesten führen alle Lebewesen.

Frieden

Buddhas Weg ist der Weg des Friedens. Geht mit friedlichen Schritten. Sprecht mit friedlichen Zungen und malt euch Gedankenberge des Friedens.

Zuhause

Die Sangha will dich wärmen.
Die Sangha will dich nähren.
Die Sangha will dich beschützen.
Was wäre ihr Nutzen,
Wenn nicht der, um dir ein
Spirituelles Heim zu bieten?

Sehnend

Ja, auch ich kenne eine Sehnsucht. Es ist die
Sehnsucht nach Buddhas Liebe.

Nimm Zuflucht!

Buddha, Dharma und Sangha strahlen dich freudig
an. Habe Vertrauen, sie können dein Schutzdach vor
den Stürmen sein. Sie können der Damm sein, der
dich vor der weltlichen Flut schützt. Sie sind der
Blitzableiter, der dich vor den elektrischen
Stromstöße der Gier bewahrt.

Liebende

Zwei Menschen erglühen in Liebe.
Der Dharma kann ihnen die Stärke geben,
Den Stürmen des Lebens zu widerstehen
Und bis ins hohe Alter in vierfacher Liebe zu
erglühen.

Karmaströme

Die Füße vieler Menschen wandern.
Karma führte sie in diese Welt.
Karma führt sie in die nächste.
Karma ist das, was fortwirkt,
Wenn das individuelle Leben verwirkt.

Karmisch

Wieder kitzelte mich der erste Sonnenstrahl wach
und erinnerte mich an mein Karma. Ich will nicht
lügen, ich hatte Glück und lebe in einem reichen
Land umgeben von lieben Menschen.

Kleinodien

Träume vom Buddha am Tag.
Lebe den Dharma in der Nacht.
Lass keinen Moment des Tages vergehen,
An dem du nicht Teil der Sangha bist.

Tag ein, Tag aus

Morgenstund hat Glück im Mund.
Abends ist meditieren gesund.
Mittags kannst du Sutras lesen
Und jeden Tag mitfühlend leben.

Kultur

Es ist ein alter Brauch zu geben.
Es ist Tradition zu helfen.
Es ist Sitte füreinander da zu sein.

Schlussfolgernd

Will die Bodhisattva alle retten, reicht es aus, alle
Wesen zu Hörern zu machen, die in den Strom
eintreten.

Lehrer

Zu lehren,
Damit die leidenden Wesen
Die Heilkraft des Dharma erleben.

Zu führen,
Damit die Leidenden spüren,
Wie sie sich wieder gesund fühlen.

Krank sein

Ihr gebrochener Leib
Kreist in meinem Geist.
Ich will ihr die Schmerzen nehmen.
Ich will erleben,
Wie sie wieder lacht
Ohne Sorgen
In einem besseren Morgen.

Trübe Aussichten

Der Tod klopft an die Tür.
Wird er sie mir entreißen?
Der Schmerz sticht mein Herz.
Ich wollte sie für
Immer begleiten.

Die Wahrheit der Welt ist,
Dass alles vergänglich ist.
Kein Mensch, kein Stein,
Kein Kind, kein Hund
Bleibt für immer gesund.

Alles vergeht. Nichts besteht.
Doch gelehrt hat der Buddha
Den Ausweg aus dem Leiden.
Alles vergeht. Nichts besteht.
Doch gelehrt hat der Buddha
Das mitfühlende Leben.

Schwesterchen

Ich liebe sie mein Leben lang.
Jetzt hat der Krebs sie eingefangen.
Wird er wieder weichen
Oder sie mir entreißen?

Als kleines Kind hielt ich sie im Arm.
Sie war zart und ich liebte sie.
Mit ihr war mein Herz warm.
Nie wollte ich sie verlier'n.

Was wird geschehen?
Es macht mir Angst.
Wie soll es weitergehen?
Hättest du nur schon
Die Erleuchtung erlangt!

Was kann sie retten?
Kann der Dharma sie betten?
Der Schmerz in mir glüht
Und lässt die Liebe
Neu erblühen.

Samma sankappa

Jeden Augenblick dem Dharma geben,
Bringt ein sicheres nächstes Leben.
Jeden Moment sich zu Buddha drehen,
Ist das richtige Streben!

Fo

Buddha lebt in unseren Herzen bis ans Ende der
Zeit. Buddhas Licht erleuchtet unsere Wege bis zum
letzten Atemzug. Buddhas Worte erlösen unsere
Geister von Neid, Geiz und Leid.

Maximum

Vier Wahrheiten.
Acht Schritte.
Das ist alles!

An einem Tag

Buddha war ein Mann.
Doch mit dem Tag der Erleuchtung
Ging er über all seine Attribute hinaus.

Vergesst seine Menschlichkeit.
Vergesst seine Männlichkeit.
Vergesst seine Leidlichkeit.

Er ging über die Welt hinaus.
Er verlosch und kehrte nicht zurück!

Unfall

Sein Körper zermatscht
Ohne Absicht.
Das Karma wird reifen.
Da hilft kein verzweifeln.
Es geschah ohne Hass
Und Reue bleibt.

Lotus

Buddhas Kinder spielen
In dem brennenden Haus.
Wie kriegt er sie raus?
Mit tausend Geschenken
Lockt er sie, denn in ihrem Wahn,
Sind sie anders nicht
Zu retten.

Geschenke

Buddhas Macht gibt uns die Kraft.
Buddhas Liebe widersteht der Gier.
Buddha lacht und zerstört den Hass.
Buddha lehrt und gibt uns wahren Wert.

Gesetz der Welt

Das Leben, so kostbar und rein,
Kann niemals ewig sein.
In allem steckt der Leidenskeim
Und die Vergänglichkeit.

Immer wieder Drei

Ich liebe Buddha.
Ich lerne Dharma.
Ich schwinge mit der Sangha.

In dir!

Buddhas in allen drei Zeiten.
Buddhas in allen zehn Richtungen.
Jederzeit und überall
Kannst du erwachen
Und eine Buddhina werden!

Einmal Wiederkehrer

Der Buddha sprach
Und so habe ich es gehört.
Der Buddha saß,
Nachdem ich sein Wort gehört.
Der Buddha lächelte,
Während Zweifel mich schwächeln.
Doch dann blickt er mich an
Und reicht mir die Hand.
Er richtet mich auf
Zum letzten Lebenslauf.

Meditationskurse

Gut geschult
In der Meditation sitzen.
Die Ruhe genießen,
Während Erleuchtungssamen
                    sprießen!

Traurige Erkenntnis

Zusammenbruch.
Zusammenbruch im Herzen.
Die Wahrheit verursacht Schmerzen:
Wir müssen uns von allem trennen.
Kein Wesen ist unsterblich.

Die neue Generation

Junge Bodhisattvas
Geben lebend
Jeden Atemzug
Zum Wohle für die Wesen.

Junge Bodhisattvas
Nähren die Lebenden
Mit Essen und den Lehren
Des Dharma.

Schwache Momente

Für einen Moment hab ich aufgegeben.
Der Widerstand war zu groß.
Doch ich will mich wieder erheben
Und den Rest meinen Lebens
Dem Dienst am Dharma geben.

Formlos

Buddhas und Bodhisattvas.
Buddhinas und Dakinis.
Geschlecht, Hautfarbe und Reichtum
Sind weltliche Dinge.
Sie verlieren ihren Sinn,
Wenn ihr über die Welt der Erscheinungen
Hinausgeht.

Buddhaaugen

Der Buddha hat gelacht,
Denn er hat die Macht
Über Kalpas zu sehen
Und er weiß,
alles wird gut ausgehen!

Wir üben hier

Buddhisten meditieren
Und praktizieren
Den Dharma
In der Sangha.

Kleiner, schwarzer Punkt

Lebe kleines Wesen
Und folge dem Licht Buddhas.
Strebe kleines Wesen
Nach dem Dharma,
Um Nirwana zu erleben.

Studiere!

Sinn in der Welt
Wird lang gesucht.
Aber schnell findest
Du den Sinn
In Buddhas Worten.

Paradies

Dem Buddha folgen
Mit all meinen Träumen.
Dem Buddha lauschen
Trotz des Rauschens
Der Welt.

In Buddhas Weg
Liegt der Steg
Ins heile Paradies.

Früchte

Nie vergess ich den Tag,
Als ich das erste Mal
Vom Glück der Meditation
Genascht.

Nie vergess ich die Vision,
Die mir die Vipassana
Gebracht.

Der Erhabene

Buddhas Land
Ist überall. Buddhas Hand
Reicht er jedermann.

Buddhas Augen
Sehen dich.
Buddhas Lachen
Heilt.

Buddhas Füße
Berühren die Erde
Und Buddhas Schritte
Gehen friedlich.

Der Geschmack der Befreiung

Buddhismus praktizieren
Heißt, sich vom Leid zu lösen.

Sanghas Kinder

Buddhas Lob ist wahrer Lohn.
Dem Dharma folgen
Und keine Lektion versäumen.

Ich bin der Sangha Sohn
Und lebe in ihr
Mit aufrechtem Herzen.

Tränen

Die Welt ist reich
An Leid.
Buddha ist reicher
An Befreiung.
Die Menschen leiden
Und viele weinen.
Der Dharma heilt
Aller Welten Leid.

Brahmaviharas

Buddhas Herz strahlt in vierfacher Liebe. Die
vierfache Liebe entfaltet grenzenlose Triebe für alle
Wesen.

Anfangen!

Klein beginnen,
Aber mit ganzem Herzen streben.
Neues lernen
Und Kenntnisse über den
Dharma erwerben.

Buddhas Herz

Buddhas Herz
verwandelt den Schmerz
In meditatives Glück
Stück für Stück.

Die Nachtwachen

Buddhas Hand
Reicht bis ins Heuteland.
Vor tausenden Jahren
Ist er erwacht.
Bis heute spürst
Du die magische Nacht,
In der es geschah:
Nirwana.

Praxis-Früchte

Er sitzt zwischen all
den Buddha-Büchern.
Er redet nur noch
Über den Dharma.
Er ist entspannt.
Er ist gesammelt.
Er lächelt immerzu.

Baustelle

Mich vorm Tempel verneigt:
Dreimal!
Buddha.
Dharma.
Sangha!

Ziel

Nirwana
Kam, sah und siegte.
Nirwana
Ist wahr,
So wie
Endloses Leiden
In Samsara.

Nachtwache

Buddhas Herz
Erkennt den Wert
Der jungen Bodhisattvas.

Buddhas Lehre ebnet
Den Weg, der übers Leiden
Hinausgeht.

Buddha hat die Macht,
Mit der ihr erwacht!

Ich glaube

Ich bete zu den Buddhas,
Mir in der dunklen Stund
Ein Licht zu sein.
Ich suche die Bodhisattvas,
Um in dieser Welt der Sorgen
Mich bei ihnen einzureihen.
Der Dharma kann uns
Von allem Leid und Sorgen
Befreien.

Darbringung

Nimm mein Herz Guru. Gib es nie zurück. Jedes
Stück von mir soll deines sein bis zu meinem letzten
Augenblick und wenn das nächste Leben beginnt,
auch dann.

Im Zentrum

Sanghas überall auf der Welt.
Verbunden durch ein höheres Gut
Als Geld.

In der Sangha lernen wir Dharma.
Wir üben, um ihn wahr
Zu machen.

Kleinodien

Buddha ist der Name
Für den Erwachten.
Doch niemand
Ist erwacht.

Dharma ist der Pfad
Ins Nirwana.
Doch Nirwana
Ist kein Ort.

Die Sangha
Ist dein Zuhause.
Doch dein Selbst
Findest du dort nicht.

vertraue!

Buddha, Dharma und Sangha
Sind wahr und warten!

Unterscheide!

Buddha hat Aroma,
Aber kein Dogma.
Buddha hat Wahrheit,
Aber keinen Zwang.
Buddha liebt euch,
Aber giert nicht.

Großer Retter in der Not

Oh Buddha,
Rette mich vor dieser Welt.
Oh Buddha,
Rette mich in dieser Welt.
Oh Buddha,
Erlöse, befreie und rette mich.

Brahmas Palast

Jeden Moment genießen,
Damit die guten Samen sprießen.
Genieße auch den Moment
Weltlichen Glücks und sieh darin
Die Vorboten himmlischer Wiedergeburt.

Karma Dharma

Find geschwind
Das Buddhakind.
Leb bewegt
Den Dharmaweg.
Spüre deine Gefühle
Und wühle tief,
Bis du das Erwachen
Erlebst.

Friedensdharma

Wir Buddhisten müssen mit allem, was wir tun, den Frieden anstreben. Der Dharma in der Welt dient dem Friedenswerk. Die Sangha darf, soll und muss ein Ort des Friedens sein.

Kamma Vipaka

Das Karma reift, wächst
Und wirft Früchte ab.
Das Karma bildet, formt
Und bedingt dein Selbst.
Willst du aufwärts streben,
Muss du gutes Karma weben.

Einer wie keiner

Der Buddha.
Der Erwachte.
Erhabener mit dem Löwengebrüll.
Der Sieger über Hass, Gier
Und Unwissenheit.
Der der sein Ziel erreichte.

Die nächste Generation

Bodhisattvas sitzen
Auf ihren Sitzkissen
Und schwitzen
Die Verblendung aus.

Bodhisattvas bitten
Die Jivas um Mithilfe,
Um schnell zu erwachen
Zum Wohl für die Wesen.

Tieferer Sinn

Buddha. Dharma. Sangha.
Knie dich hin.
Werf dich nieder.
Singe es. Rezitiere es.
Denk drüber nach.
Sie sind dein Obdach!

Buddhistische Liebe

Vier Arten zu lieben,
Um alle Grenzen
Zu überwinden.

Vergebt einander

Buddha will keinen Krieg.
Buddha will, dass der Frieden siegt
Und wir uns alle lieben.

Buddhistische Politik

Eine bessere Welt
Gedacht, gemacht
Und glücklich erlacht.

Samma

Achtfacher Pfad
Für jeden gemacht,
Der heil sein will
Und leidbefreit.

Dharma

Der Dharma
Ist der Mondschein im Wind
Und das heilige Kind.

Der Dharma
Ist die Brise am Strand
Und geheiltes Vaterland.

Der Dharma
Ist die Sonne am Gipfel
Auf dem Berg des Friedens.

Der Dharma
Ist die Blüte der Blumen,
Die sich lieben.

Der Dharma
Steckt im Spiegel
Der Selbstlosigkeit.

Der Dharma
Heilt und befreit
Von allem Leid.

Spirituelle Heimat

Buddhas Heim
Soll meines sein.
Der Name
Ist Nirwana.
Wenn ich erst
Dort bin,
Komm ich
Nie mehr
Zurück!

Antiquar

Buddhas überall,
Als wäre ich im Wunderwald.
Tausend Buddhas lächeln
Mit gefalteten Händen.
Überall der Lotussitz
In Holz geschnitzt.

Lächeln

Buddha erwachte.
Dann lachte er,
Denn er sah
Das Ende allen Leids
Für jedes Wesen
Weit und breit.

Sei heil!

Die Sangha
ist unser Heim.
Der Dharma
befreit vom Leid.
Der Buddha
ist geheilt.

Palikanon

Buddhas Weg
Ist achtfach.
Buddhas Wahrheit
Vierfach.
Buddhas Herz
Liebt einfach
Jedes Wesen.

Allumfassender Dharma

Dharma ist der Schlüssel.
Dharma steckt in allem
Und doch kann nichts Dharma sein.
Dharma ist der Pfad
Der Buddhas.

Das ganze Leben
Wird zu Dharma,
Aber nur für die,
Die wirklich
Praktizieren!

Vom Schüler zum Lehrer

Mit Buddha gelacht.
Mit Buddha geweint.
Mit Buddha einschlafen.
Als Buddha lächelnd erwachen.

Lass los

Der letzte Tag.
Die letzte Nachtwache.
Nirwana.

Alles befreit,
Was du seit
endlosen Kalpas Sein
genannt!

Deine Buddhaschaft

Dein Tag ist nah.
Erlebe drei Nachtwachen
und erwache!

Freunde!

Wir sind
verbunden
durch Raum und Zeit.

Wir sind
vereint
durch Buddhas Dharma.

Über der Autor:

Niemand lehrte,
Niemals zu sein
und nirgendwo
zu verweilen!